Viaje a los jardines submarinos

Por Margaret Clyne, Rachel Griffiths
y Cynthia Benjamin

CELEBRATION PRESS
Pearson Learning Group

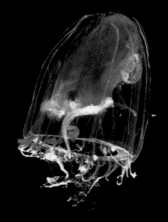

Contenido

Ésta es la historia verdadera de un extraño lugar llamado la Rosaleda. Es diferente de cualquier jardín que jamás hayas visto. Este jardín creció en el fondo del océano Pacífico. Los científicos encontraron la Rosaleda en 1979. Después la volvieron a visitar varias veces.

¿Cómo es el fondo del océano? La gente se ha hecho esta pregunta durante cientos de años. La **exploración** de las profundidades del mar comenzó muchos años antes de que se descubriera la Rosaleda. Descubrimientos como éste ayudan a los científicos a entender cómo funcionan la Tierra y los océanos.

Exploración del fondo marino

Uno de los primeros viajes al fondo del océano fue en 1974. En este viaje un equipo de científicos franceses y estadounidenses exploraron el **fondo marino** del océano Atlántico. Uno de los propósitos del viaje era buscar **aguas termales**. Éstas son lugares donde brota agua muy caliente desde la profundidad de la tierra.

Los científicos sabían que, en tierra, las aguas termales se encuentran cerca de los volcanes. También hay volcanes en el fondo del mar. Por lo tanto los investigadores pensaron que también podrían haber aguas termales en el fondo marino.

aguas termales en el Parque Nacional Yellowstone, Wyoming

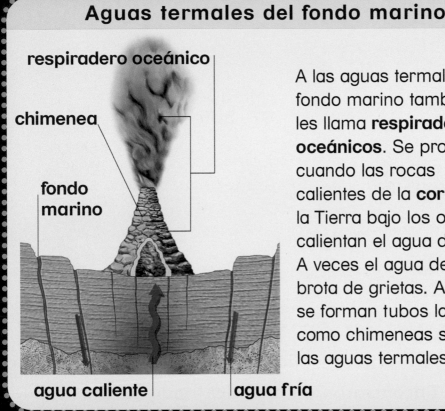

Aguas termales del fondo marino

respiradero oceánico

chimenea

fondo marino

agua caliente

agua fría

A las aguas termales del fondo marino también se les llama **respiraderos oceánicos**. Se producen cuando las rocas calientes de la **corteza** de la Tierra bajo los océanos calientan el agua del mar. A veces el agua del mar brota de grietas. A veces se forman tubos largos como chimeneas sobre las aguas termales.

Los científicos investigaron áreas del fondo del océano Atlántico en pequeños submarinos. Encontraron algunos volcanes submarinos. El equipo vio rocas de **lava** alrededor de los volcanes. Sin embargo, no encontraron aguas termales. Por ello, los científicos siguieron su estudio del océano.

Sitio de las expediciones de 1977 y 1979

área de exploración

Islas Galápagos

AMÉRICA DEL SUR

OCÉANO ATLÁNTICO

OCÉANO PACÍFICO

N
O E
S

En 1977 los investigadores trabajaban en el océano Pacífico. Encontraron un área del fondo marino donde la temperatura era más fría de lo esperado. Esta área estaba cerca de las islas Galápagos.

Los científicos encontraron aguas termales en esta área. Después de explorar las aguas termales, pensaron que tal vez los respiraderos oceánicos podrían ser una clave para explicar cómo se calienta el agua del mar en la corteza de la Tierra. Por eso, en 1979 los investigadores decidieron hacer otro viaje al océano Pacífico para aprender más acerca del fondo marino.

Un descubrimiento asombroso

La expedición se realizó en febrero. La gente en este viaje era de Estados Unidos. El grupo viajó por barco al área noreste de las islas Galápagos.

El barco llevó a bordo un pequeño submarino llamado *Alvin*. El grupo bajó varias veces hasta el fondo del océano en el *Alvin*.

Alvin

Alvin es un submarino donde caben tres personas. Tiene tres portas, o ventanas. El submarino también lleva luces y cámaras para tomar fotos bajo el agua.

Colocan a *Alvin* en el agua desde la parte trasera de un barco.

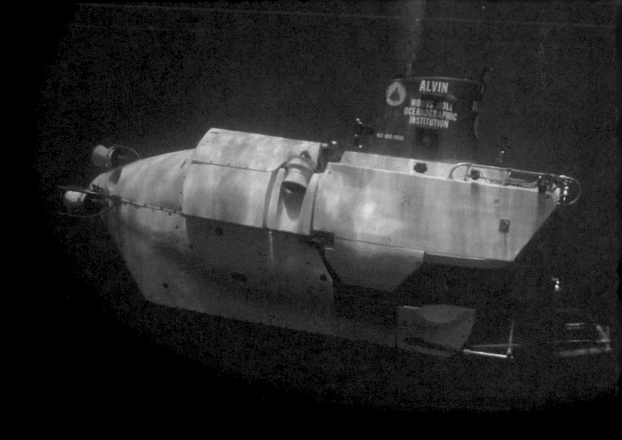

Alvin viaja con lentitud. El submarino tarda aproximadamente dos horas en llegar al fondo marino.

La tripulación tuvo que viajar aproximadamente 2 millas para llegar hasta el fondo marino. El piloto dirigió a *Alvin* hacia el fondo del océano. Cuando la tripulación miró por las portas, estaba totalmente oscuro. Esto se debe a que no hay luz solar en estas partes profundas del océano.

La tripulación tuvo que usar luces para ver los objetos en la profundidad del océano. Las luces les permitían ver por las portas. Vieron muchas clases de peces y medusas diferentes cada vez que buceaban.

En una exploración, los científicos vieron las aguas termales del fondo marino. Esto no fue todo lo que ellos encontraron. En el fondo marino alrededor de las aguas termales estaba la sorpresa más grande de todas.

En su viaje hacia el fondo marino, los científicos vieron por las portas medusas de gran colorido.

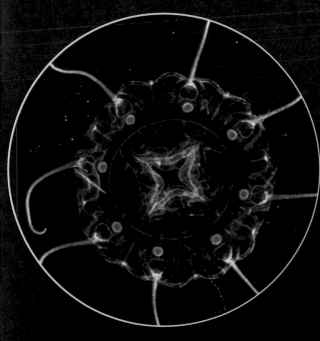

medusa scyphomedusa

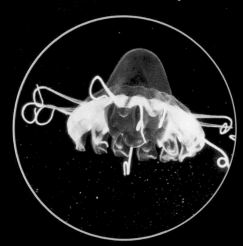

medusa periphylla

Los científicos se asombraron de encontrar grupos de animales que vivían cerca de los respiraderos oceánicos. Los animales, nunca antes vistos, tenían apariencia extraña. "La escena era fabulosa", dijo el científico John Edmond. "Vimos arrecifes de mejillones y grandes grupos de almejas gigantes".

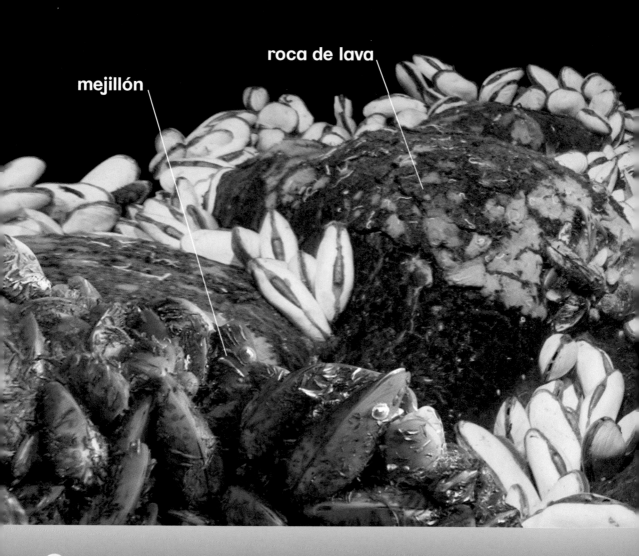

roca de lava

mejillón

Un tipo de animal que vive cerca del respiradero oceánico es la almeja gigante. Estas almejas miden más de un pie de largo. Tal vez el animal más extraño sea el gusano tubícola. Vive en un largo tubo blanco que es rojo en la parte superior. Los gusanos tubícolas se mecen en el agua como las flores con la brisa.

gusano tubícola

almeja gigante

Gusanos tubícolas

Los gusanos tubícolas son gusanos marinos que pueden llegar a medir hasta 8 pies de largo. No tienen boca, ojos ni estómago.

Las sustancias químicas submarinas que provienen de los respiraderos oceánicos mantienen vivos a los animales.

¿Por qué estaban sorprendidos los científicos por este descubrimiento? Los animales que encontraron alrededor del respiradero vivían de una manera diferente. ¡Sobrevivían sin luz solar!

Los científicos descubrieron que algo más mantenía vivos a los animales. Encontraron **sustancias químicas** en el agua caliente. Las sustancias químicas provenían de las aguas termales. Los animales que vivían alrededor del respiradero oceánico se mantenían vivos por medio de las sustancias químicas en el agua, y no por la luz solar.

Los animales que vivían alrededor del respiradero oceánico necesitaban las sustancias químicas para vivir. Algunos de los seres vivos más pequeños del océano usaban las sustancias químicas para producir alimentos. Los animales más grandes se comían entonces a esos seres pequeñitos y a otros animales pequeños que vivían gracias a los respiraderos.

Animales llamados gusanos espaguetis vivían cerca de los respiraderos.

Los gusanos tubícolas florecen en la Rosaleda.

Los científicos le llamaron a este asombroso lugar la Rosaleda, porque los gusanos tubícolas parecen rosas. Durante la exploración recogieron muestras de agua y rocas. Los científicos también tomaron muchas fotos. Esta información ayudó a otros a estudiar con mayor atención la Rosaleda.

Querían marcar los sitios que habían estudiado. De esta manera otros científicos sabrían adónde regresar.

A través de los años, los investigadores regresaron varias veces al jardín submarino. Querían aprender más acerca de los animales. En cada ocasión dejaron más marcadores. ¿Seguiría la gente encontrando estos marcadores en el futuro? En uno de los viajes obtuvieron la respuesta.

Los marcadores ayudaron a los científicos a regresar a la Rosaleda.

El regreso a la Rosaleda

Un grupo nuevo de científicos estadounidenses regresó en 2002 a la Rosaleda. Querían ver cómo habían cambiado los animales. También querían buscar nuevos animales y hacer mapas más detallados. Aún había mucho que aprender sobre la comunidad del respiradero.

Científicos reunidos a bordo del barco *Atlantis* cerca de las islas Galápagos.

El piloto del *Alvin*, Phil Forte, y el científico Tim Shank trabajaron dentro del *Alvin*.

La expedición comenzó el 24 de mayo de 2002, y duró doce días. Aproximadamente cincuenta personas trabajaron juntas, incluyendo científicos, la tripulación del barco e **ingenieros**. El viaje se hizo otra vez en el *Alvin*. Los ingenieros del *Alvin* se aseguraron que el submarino estuviera listo para explorar el fondo del océano.

Alvin se desplazaba en el fondo marino mientras los científicos buscaban la Rosaleda. Sin embargo, los marcadores ya no estaban. ¿Qué le había pasado a la Rosaleda?

Alvin estaba en el sitio correcto, pero su tripulación no podía ver la Rosaleda. En su lugar, vieron capas de rocas de lava en el fondo marino. Dan Fornari era uno de los científicos del viaje y dijo: "Un río rápido de lava pudo haber cubierto la Rosaleda."

Se encontró roca de lava en el fondo marino.

Los científicos se sorprendieron al ver animales jóvenes que vivían alrededor de un respiradero nuevo.

Entonces la tripulación del *Alvin* vio algo muy interesante. Descubrieron un respiradero submarino nuevo. Estaba en la lava fresca que había cubierto a la Rosaleda. Un nuevo grupo de animales jóvenes vivía alrededor de este respiradero.

El equipo de investigación pensó que este nuevo respiradero se había formado recientemente porque la lava estaba fresca. También descubrieron almejas y mejillones muy jóvenes en el área. Algunos de los gusanos tubícolas sólo medían una pulgada de largo.

Los científicos pensaron que este nuevo respiradero tenía menos de dos años. Esto era importante, porque podrían estudiar este nuevo grupo de animales a medida que crecía y cambiaba. Los científicos llamaron a esta nueva área Capullo de Rosa. Un día podría convertirse en otra Rosaleda.

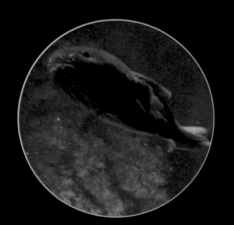

diplacanthopoma rosada

camarón alvinocarid

Animales jóvenes vivían cerca de la lava en el Capullo de Rosa.

Alvin se movía hacia atrás y hacia adelante por el fondo marino en el área. Recogió muchas muestras de animales, agua y rocas. Los científicos tomaron muchas fotografías del Capullo de Rosa.

El brazo robot de *Alvin* recogió muestras del fondo marino.

Ahora los científicos estudian los animales y otras muestras del Capullo de Rosa. Un día los investigadores regresarán al jardín submarino. ¿Qué encontrarán? Tal vez encontrarán nuevos jardines u otros animales desconocidos. Saben que hay más para descubrir bajo la superficie del océano.

Los científicos Tim Shank y Rhian Waller estudiaron las almejas que recogió *Alvin*. ▶

Dan Fornari

Dan Fornari es un experto en el uso de vehículos marinos para explorar el fondo marino. También es geólogo marino. Acompañó a Tim Shank y Steve Hammond en la expedición en la cual encontraron el Capullo de Rosa. Para más información sobre el océano, visite
http://www.mbayaq.org/espanol/

Glosario

aguas termales   lugares donde brota agua muy caliente desde la profundidad de la tierra

corteza   la capa exterior de la Tierra

exploración   el proceso de viajar a una región que no se conoce bien para saber más de ella

fondo marino   el suelo del océano

ingenieros   gente que usa el conocimiento científico para resolver problemas prácticos

lava   roca caliente y derretida que proviene de la profundidad de la Tierra; cuando la lava se enfría, se endurece y se hace sólida

respiraderos oceánicos   aperturas o conductos por los que pasan gases o líquidos

sustancias químicas   tipos de materia o sustancias